조선 시대 왕 이야기 ❹
누가 왕을 죽였을까

글 권기경 | 그림 정현지

화성 행궁에 있는 씩씩한 무관 차림의 정조 초상화. (시몽포토)

조선 22대 임금 정조는 세종과 더불어

조선 역사에서 매우 훌륭했던 임금으로 손꼽힙니다.

정조는 소설과 그림, 판소리 같은 갖가지 문화를 발전시키고,

정약용, 박지원 같은 실학자를 뽑아 써 근대화의 싹을 틔우지요.

이처럼 조선이 절정에 이를 무렵, 정조는 갑자기 죽음을 맞이해요.

그렇다면 그가 죽기 전에 과연 어떤 일들이 벌어진 것일까요?

이제부터 정조의 죽음에 얽힌 이야기 속으로 들어가 보아요.

주사는 정말 싫어! · 6

송아의 선택 12

임금과 처음 만나다 21

마음의 병이 생긴 임금 ······30

의문에 휩싸인 죽음 ······38

힘차게 발걸음을 내딛다 ······49

풀어야 할 숙제 · 60

정조 대왕의 꿈과 좌절 · 62

주사는 정말 싫어!

"채송아!"
"예?"
송아는 자기도 모르게 천둥 같은 목소리가 튀어나왔다.
"어이쿠, 깜짝이야!"
선생님은 가슴을 쓸어내리며 말했다. 반 아이들도 까르르 웃었다.
"죄, 죄송해요."
송아는 얼굴이 빨개져서 머리를 긁적였다.
"아냐, 괜찮아. 그래, 송아는 씩씩하니까 독감 예방 주사도 벌써 맞았겠지?"
선생님은 빙그레 웃으며 말했다.
"저, 그게……."
송아는 자라처럼 목을 움츠렸다.
"아직 못 맞았나 보구나. 송아야, 그런데 어디 아파?"
선생님은 송아의 얼굴을 살피며 걱정스럽게 물었다.
"아뇨, 그게 아니라 주삿바늘이……."
송아는 말끝을 흐렸다. 송아는 주삿바늘이 너무 무서웠다. 그 가늘고 뾰족한 침이 살갗을 파고드는 느낌은 정말이지 끔찍했다.

"주삿바늘이 왜?"

선생님이 고개를 갸웃하며 묻자, 반 아이들도 모두 송아를 바라보았다. 그러자 송아는 얼떨결에 말을 내뱉었다.

"아, 아무것도 아니에요. 오늘 바로 맞을 거예요."

송아는 학교를 마치고 보건소로 갔다. 보건소 안엔 예방 주사를 맞으러 온 사람들이 길게 줄지어 서 있었다. 맨 끝에 줄을 선 송아는 자기 머리를 쿵쿵 소리 나게 때렸다.

'에이, 바보. 괜히 쓸데없는 말은 해 가지고…….'

하지만 엎질러진 물이었다. 선생님과 반 아이들이 모두 보는 앞에서 약속을 했으니, 이젠 주사를 맞을 수밖에 없었다. 송아는 주사실 안쪽을 흘끔거리며 차례를 기다렸다. 드디어 송아 차례가 다가왔다.

"자, 팔을 내미세요. 조금 따끔할 거예요."

의사 선생님이 주사기를 들고 송아한테 말했다. 주삿바늘을 보자 송아는 또다시 심장이 두근거리고 머리가 빙빙 돌았다. 의사 선생님이 주삿바늘을 송아의 팔에 꽂으려 하자, 송아는 두려움을 견디다 못해 보건소를 냅다 뛰쳐나갔다. 뒤에서 주삿바늘이 쫓아오는 것만 같아 송아는 정신없이 달렸다. 그러다 까만 비닐하우스가 눈에 띄어 그 속으로 숨어들었다.

"설마, 여기까진 안 쫓아오겠지."
송아는 숨을 몰아쉬며 혼잣말을 했다. 그때 누군가 송아 귀를 확 잡아당겼다.
"요놈, 드디어 잡았다!"
송아 귀를 잡아당긴 사람은 허리가 구부정한 할아버지였다.
"아야야, 이거 놓으세요. 할아버지, 귀 떨어지겠어요."
"허, 이놈 보게!"
"아니, 제가 뭘 어쨌기에 이러세요?"
"그걸 몰라서 물어? 이 도둑놈아!"
"예? 도둑놈이요?"
송아는 어리둥절했다.
"훔쳐 간 우리 인삼 어쨌어?"
그러면서 할아버지는 송아 귀를 더 세게 잡아당겼다. 송아는 아파서 눈물이 나올 것만 같았다.
"전 아무것도 안 훔쳤어요. 그냥 주삿바늘이 무서워서 달아난 것뿐이라고요."
송아는 어깨를 들썩이며 엉엉 소리 내어 울었다. 그러자 할아버지가 송아의 귀를 놓아 주며 눈을 껌벅거렸다.

"주삿바늘?"

"예. 그러니까……."

송아는 고개를 끄덕이며 자초지종을 이야기했다.

"난 그런 줄도 모르고, 정말 미안하게 됐구나."

"괜찮아요. 그럼 전 이만 가 볼게요."

송아가 할아버지한테 인사를 하고 가려 하자, 할아버지가 송아를 불러 세웠다.

"얘야, 잠깐만!"

그러고는 땅속에서 자라는 뭔가를 하나 뽑더니 송아한테 내밀었다.

"자, 이 할아비가 미안해서 주는 선물이다."

"이게 뭔데요?"

"인삼이란다. 아주 귀한 약초지."

"인삼이요?"

송아는 신기한 듯 인삼을 살펴보았다. 마치 사람과 같은 모습이었다.

"할아버지, 고맙습니다."

송아는 인삼을 받아들고 할아버지한테 인사를 하고 나서 비닐하우스 밖으로 나왔다. 그런데 아까와는 달리 눈앞으로 전혀 낯선 모습이 펼쳐졌다.

이곳은 정조 대왕이 신하들과 낚시를 즐겼던 곳이에요.

창덕궁 뒤뜰에는 연못과 정자가 있는데, 이를 일러 부용지와 부용정이라 하지요. 정조는 이곳에서 신하들과 시를 읊거나, 낚시를 즐겼다고 해요. 낚시를 하면서 정조 대왕은 무슨 생각을 했을까요? 어쩌면 어제와는 다른 새로운 내일의 조선을 꿈꾸지 않았을까요?(시몽포토)

송아의 선택

"도대체 인삼 한 뿌리가 어디로 갔을까?"

도 의원은 안절부절못했다. 약초 바구니를 다 뒤져 봐도 다른 약초는 그대로인데, 인삼 한 뿌리만 안 보였다.

"어디다가 떨어뜨렸나?"

이번엔 마당을 샅샅이 뒤져 봤지만 그래도 마찬가지였다.

"허, 이거야 귀신이 곡할 노릇이군."

도 의원은 망연자실해서 허공만 바라보았다. 지나가던 양 의원이 그 모습을 보고는 다가와서 물었다.

"도 의원, 무슨 일이 있어?"

"아, 글쎄, 주상전하 탕약에 넣을 인삼 한 뿌리가 감쪽같이 사라졌지, 뭔가?"

"아니, 대체 어쩌다가……."

양 의원은 몹시 안타까운 얼굴로 말했다. 도 의원은 바짝 얼어서 말을 더듬거렸다.

"그, 그게 갑자기 배가 아파서 뒷간에 다녀왔는데, 그 사이에……."

"이보게, 먼저 어서 인삼 도둑부터 찾으세."

"그런데 대체 누가 인삼을 훔쳐갔을까?"

"허, 이 사람 그걸 나한테 물으면 어떡해?"

양 의원은 도 의원을 바라보며 혀를 끌끌 차더니, 문득 무슨 생각이 난 듯 말을 내뱉었다.

"그동안 이곳을 지나간 사람은 없었어?"

"글쎄……."

잠깐 생각에 잠겨 있던 도 의원이 손뼉을 치며 말했다.

"맞아! 내가 뒷간에서 돌아왔을 때, 이 길로 의녀 시험을 치를 아이들이 지나가고 있었어."

"그럼 도둑은 그 가운데 있겠구먼. 어서 가 보세."

"그, 그러세."

그길로 도 의원과 양 의원은 의녀 시험장으로 허겁지겁 달려갔다. 그곳엔 시험을 앞둔 여자아이 열 남짓이 나란히 앉아 있었다. 도 의원과 양 의원은 재빨리 아이들을 둘러보았다. 그때 무언가를 질겅질겅 씹어 먹고 있는 한 아이가 눈에 띄어 그 아이 앞으로 다가갔다. 그 여자아이는 송아라는 아이였다.

"지금 네가 먹고 있는 것이 무엇이냐?"

송아는 깜짝 놀라서 씹고 있던 인삼을 꿀꺽 삼켰다.

"잘 모르겠는데요."

"허어, 여기가 어딘 줄 알고 거짓말을 하느냐? 네가 먹은 건 인삼이 틀림없으렷다."

"정말 모릅니다. 저는 그저 배가 고파서 먹을 걸 찾고 있었는데, 마침 바구니에 풀뿌리 같은 게 있기에 집어 먹은 것뿐입니다. 그런데 어찌나 쓰던지, 막 후회하던 참이었습니다."

"이런 멍청한 것! 바로 그 인삼이 주상 전하의 탕약에 들어갈 것인 줄도 모르고……."

'헉! 내가 먹은 게 임금님이 드실 인삼이라고?'

송아는 하늘이 노래졌다. 이제 졸지에 인삼 도둑이 됐으니 시험도 못 보고 쫓겨날 판이었다. 관비의 딸인 송아는 여기서 돌아가면 기생이 되거나 관청의 노비로 살아가야 했다. 송아는 서러움이 북받쳐 올랐다. 그때 어의 정요가 시험장에 들어섰다.

"무슨 일이냐?"

도 의원과 양 의원은 곧장 허리를 숙이고 예를 갖췄다. 어의는 임금의 주치의로 내의원에서 가장 벼슬이 높은 분이었다.

"두 분이 여기는 웬일이시오?"

"나리. 저, 그게……."

도 의원이 입을 떼려던 참에 양 의원이 옆구리를 쿡 찔렀다. 그러면서 눈짓을 보냈다. 그제야 도 의원은 정신이 번쩍 들었다. 이 일을 어의 정요가 알게 된다면 자기도 그냥 넘어가지 못할 것이었다. 도 의원은 얼른 말을 바꾸었다.

"뭐 도와드릴 일이라도 있을까 해서 들렀습니다."

"필요 없으니 어서들 가 보게."

"예, 나리."

도 의원과 양 의원은 송아를 힐끔 보고는 서둘러 시험장을 빠져나왔다.

"후유, 큰일 날 뻔했네."

두 사람이 사라지자 송아는 참았던 숨을 길게 내쉬었다.

"잘됐다."

옆에 앉은 숙희가 자신의 일처럼 기뻐해 주었다. 숙희도 송아와 똑같은 관비 신분의 아이였다.

"고마워."

"송아야, 앞으론 눈에 보인다고 함부로 먹어서는 안 돼. 궁궐 음식은 모두 임금님한테 바치는 것이거든."

"그래, 알았어. 근데 난 떨리면 배가 고파서……."

"넌 떨리면 배가 고프구나. 난 배가 아픈데."

그러면서 숙희는 얼굴을 잔뜩 찌푸렸다.

"숙희야, 왜 그래? 어디 아파?"

"아냐, 괜찮아. 어, 시작할 건가 봐!"

"그래?"

송아는 가슴을 졸이며 앞쪽을 바라보았다. 시험 감독관이 시험 문제를 나눠 주려 하고 있었다. 송아는 주먹을 불끈 쥐었다.

'꼭 붙어서 의녀가 되고 말 거야!'

시험지를 받아 든 송아는 자신 있게 답을 써 내려갔다. 바로 그때 숙희가 배를 움켜쥐며 쓰러졌다. 깜짝 놀란 송아는 숙희를 안아 일으켰다. 숙희는 온몸이 식은땀으로 범벅이 된 채 정신을 잃었다.

"도와주세요!"

송아는 둘레를 돌아보며 도움을 부탁했다. 하지만 시험을 치르는 아이들은 아무도 거들떠보지 않았다. 괜히 끼어들어 시험을 망칠까 두려웠던 것이다. 송아는 이번엔 시험 감독관을 바라보며 소리쳤다.

"나리, 제 동무가 쓰러졌습니다. 어서 의원님을 좀 불러 주세요."

시험 감독관이 나서려 하자 어의 정요가 그를 말렸다.

"저 아이가 어떡하는지 좀 두고 보세."

아무도 거들떠보지 않자 송아는 숙희를 안은 채 안절부절못했다. 마음 같아선 곧장 숙희를 의원한테 데려가고 싶지만, 한 번 시험장을 벗어나면 두 번 다시는 시험을 치를 수가 없었다. 송아의 등줄기로 식은땀이 흘러내렸다. 송아가 머뭇거리자 어의 정요가 시험 감독관한테 눈짓을 보냈다.

'하긴, 저 아이도 별 수 없겠지.'

정요의 명을 받은 시험 감독관이 송아한테로 다가가고 있을 때, 송아가 벌떡 일어나 숙희를 등에 업었다. 지금 송아한텐 의녀가 되는 것보다 동무 숙희를 살리는 일이 더 중요했다.

"시험을 치르다 말고 어디를 가려는 게야?"

송아가 숙희를 등에 업고 뛰어나오자 어의 정요가 물었다.

"나리, 제 동무가 쓰러졌습니다. 내의원이 어디에 있습니까?"

"내의원은 저쪽이다. 하지만 시험장을 벗어나면 다시 돌아오지 못한다는 것쯤은 알고 있겠지?"

송아는 고개를 끄덕였다.

"예, 알고 있습니다."

"그렇다면 가도 좋다."

"고맙습니다, 나리!"

송아는 허리를 숙여 인사하고는 곧바로 내의원 쪽으로 달려갔다. 그러면서 정신을 잃은 채 등에 업혀 있는 숙희한테 소리쳤다.

"숙희야, 조금만 참아. 의원님이 널 살려 주실 거야."

역사 스페셜 박물관

내의원은 어디에 있었을까?
동궐도는 1830년쯤 도화서 화원들이 창덕궁과 창경궁의 실제 모습을 그린 그림 두 점을 말해요. 정조는 바로 이 동궐에서 지내며 나라를 다스렸는데요, 이 그림은 동궐도 가운데에서도 창덕궁 인정전 둘레를 보여 주고 있어요. 이 인정전 서쪽 가까운 곳에 내의원이 있었지요.
국보 249호. (고려대학교박물관)

성정각
성정각은 원래 세자가 공부를 하던 곳이었다가 1920년에 창덕궁이 다시 세워지면서 내의원을 이곳으로 옮겼다고 해요. 그때 원래 현판을 가져와 걸었는데, 거기에는 "왕의 약을 지어 임금의 몸을 보호한다."는 뜻의 '보호성궁(保護聖躬)'과 '조화어약(調和御藥)'이란 글씨가 있어요. 마당엔 약재를 빻던 돌절구도 있지요. (홍순민)

《내의원 식례》
《내의원 식례》는 왕실 의료 기관이던 내의원 건물과 그 체계를 정리해 놓은 책입니다. 이 책에 따르면 내의원에는 중심 건물인 대청이 있었고, 침의청과 서원방 그리고 의녀방 같은 게 있었다고 해요. 거기에 약재 창고와 책방 같은 것도 갖춰져 있었다고 합니다. 임금의 건강을 보살피려고 내의원을 얼마나 꼼꼼히 꾸몄는지 알 수 있는 책이지요. (규장각 한국학연구원)

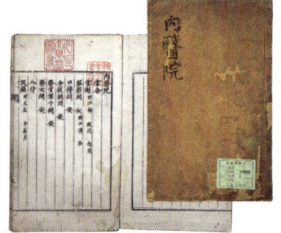

조선 시대 의녀의 모습
조선 시대 의녀를 일러 약방 기생이라고도 했어요. 말 그대로 약방(내의원)에 있는 기생이라는 뜻이지요. 조선 초기까지만 해도 기생 가운데서 의녀가 되는 일이 많아, 의녀가 되어서도 그들은 연회 같은 데 불려 나가 기생 노릇을 해야만 했어요. 그러다 중종 때부터 의녀는 차츰 전문직으로 자리를 잡아 가지요. 아래는 《영조 정순후 가례도감의궤》 맨 뒤쪽의 '반차도' 그림에 나오는 상궁과 나인들의 모습이에요. (규장각 한국학연구원)

임금과 처음 만나다

"그게 정말인가?"

"그렇다니까. 주상 전하의 인삼을 훔쳐 먹은 그 아이가 틀림없었어."

양 의원과 도 의원은 믿을 수 없다는 듯 고개를 갸웃했다. 그때 어의 정요가 그들 앞으로 지나가는 게 보였다. 두 의원은 정요한테로 쪼르르 달려갔다.

"나리!"

"무슨 일인가?"

"뭔가 잘못된 게 아닌가 하고요?"

"뭐가 잘못됐다는 겐가?"

"그 송아라는 아이가 의녀로 뽑힌 게 아무래도 좀 이상해서요."

도 의원의 말에 옆에 있던 양 의원이 맞장구를 치며 말했다.

"맞습니다. 그 아이는 시험을 치르다가 뛰쳐나가지 않았습니까?"

"두 의원은 그 아이가 왜 뛰쳐나갔는지 아시오?"

어의 정요가 빙그레 웃으며 물었다.

"그야 숙희라는 아이 때문에……."

양 의원이 말끝을 흐렸다.

"그 숙희라는 아이가 쓰러진 것은 다 내가 시킨 일이오."

"예?"

도 의원과 양 의원은 눈을 크게 뜨고 똑같이 소리쳤다.

"그럼, 그게 다 시험이었단 말씀입니까?"

"그렇소. 무릇 의원과 의녀는 사람의 병을 고치는 사람이오. 그런 이들한테 가장 중요한 것이 무엇이라 생각하오? 바로 남의 목숨을 내 몸같이 소중히 여길 줄 아는 마음이오. 그 마음을 시험해 보려고 숙희라는 아이한테 연기를 시킨 것인데, 오직 송아 그 아이만이 시험을 포기하면서까지 숙희를 돌봐 주었소. 이제 왜 내가 송아를 뽑았는지 아시겠소?"

도 의원과 양 의원은 그제야 그 까닭을 알고 고개를 끄덕였다.

"그런데 주상 전하의 탕약은 어찌 되었소?"

그 말에 도 의원은 머리가 쭈뼛 섰다. 송아한테 탕약을 맡겨 놓고 뒷간에 다녀오는 길이었는데, 마침 양 의원을 만나서 수다를 떨다가 탕약을 까맣게 잊고 있었던 것이다.

그때 송아는 내의원 뒷마당에서 탕약을 달이고 있었다.

"금방 오신다더니, 도 의원님은 왜 이리 안 오시지?"

약탕관에 부채질을 하던 송아는 입을 쩍 벌려 하품을 했다. 한참을 약탕관 앞에 쭈그리고 앉아서 부채질을 하다 보니 졸음이 몰려왔다.

"아, 졸려."

송아는 부채질을 하다 말고 꾸벅꾸벅 졸았다. 시간이 얼마나 흘렀을까? 송아는 비명을 지르는 소리에 깜짝 놀라 눈을 떴다. 눈앞에서는 도 의원이 어쩔 줄을 몰라 하고 있었다.

"허어, 이를 어찌할꼬?"

"도 의원님, 왜 그러시는지요?"

송아는 영문을 몰라 눈을 껌벅거렸다. 그러자 도 의원이 송아한테 눈을 부라리며 소리쳤다.

"이런 얼빠진 것 같으니라고! 탕약이 다 졸아들지 않았느냐?"

"헉!"

송아는 온몸이 오그라드는 것 같았다.

"죄, 죄송합니다. 저도 모르게 그만……."

"시끄럽다! 전하의 탕약을 달이면서 졸다니, 네가 지금 제정신이냐?"

송아는 고개를 떨어뜨렸다. 입이 열이라도 할 말이 없었다.

"내 이번엔 그냥 넘어가지 않을 것이야. 곧장 가서 내가 그만하라 할 때까지 반성문을 써라."

"예?"

"그럼 쫓겨나고 싶으냐?"

도 의원의 작은 눈이 가늘게 찢어졌다.

"아, 아닙니다. 쓰겠습니다. 쫓아내지만 말아 주세요."

송아는 잇따라 허리를 숙이고는 부리나케 방으로 돌아갔다. 도 의원은 허겁지겁 걸어가는 송아의 뒷모습을 보며 혀를 끌끌 찼다.

"쯧쯧. 저래서야 이곳에서 얼마나 버틸 수 있을꼬?"

방으로 돌아온 송아는 흰 종이 위에 부지런히 반성문을 써 내려갔다. 그러다 문득 걱정이 생겼다.

'탕약이 못 쓰게 됐는데 도 의원님은 괜찮으실까? 나 때문에 큰일을 치르시는 건 아닐까?'

그때 어디선가 맑고 또랑또랑한 목소리로 글 읽는 소리가 들려왔다.

"누구 목소리가 저리 고울까?"

송아는 자기도 모르게 그 목소리에 이끌려 밖으로 나왔다. 목소리를 따라서 내의원을 지나 숲길로 접어드니, 작고 예쁜 정자가 나타났다. 송아가 가까이 다가가자 빛깔 고운 옷을 차려입은 한 사내가 그곳에서 책을 읽고 있었다.

'아, 저분이구나!'

그런데 송아는 사내의 얼굴을 보자마자 그만 풋 하고 웃음을 터뜨렸다. 사내는 두 눈에 동그란 것을 쓰고 있었다. 그때 갑자기 어디서 나타났는지 몇몇 병사들이 칼을 겨누며 송아를 둘러쌌다.

"넌, 누구냐?"

날카로운 칼날이 목을 겨누자 송아는 몸을 부르르 떨었다.

"내, 내의원 의녀입니다."

"내의원 의녀가 여기는 무슨 일이냐?"

송아는 병사들한테 정자까지 오게 된 까닭을 미주알고주알 아뢰었다. 그러자 정자에 앉아서 책을 읽고 있던 그 사내가 껄껄 웃어젖혔다. 그러더니 송아한테 가까이 오라는 손짓을 했다. 병사들은 칼을 거두고 얼른 옆으로 비켜섰다. 송아가 다가가자 그 사내가 빙그레 웃으며 말했다.

"그런데 조금 전에 왜 나를 보고 웃었느냐?"

"그건 나리 눈에 쓰고 있는 그 동그란 물건 때문입니다."

"아, 이 안경을 말하는구나."

"안경이요?"

"그래, 이것은 눈이 나쁜 사람이 쓰는 안경이라는 것이다. 이걸 쓰게 되면 글씨가 잘 보이지. 너도 어디 한번 써 볼래?"

사내는 안경을 벗어서 송아의 눈에 씌워 주었다. 그러자 송아는 어지러워서 눈앞이 팽팽 돌았다. 송아는 얼른 안경을 벗어서 사내한테 돌려주었다. 그러고는 점잖게 타일렀다.

"그렇게 책만 뚫어지게 보고 있으니 눈이 나빠지는 겁니다."

"그럼 어떡해야 하느냐? 읽어야 할 책이 산더미 같은데."

"나무와 하늘을 자주 보십시오. 그렇게 눈을 쉬게 해 줘야 좋습니다."

"그래? 내 앞으로는 꼭 네 말대로 하마. 껄껄껄."

그때 어의 정요가 나타났다.

"전하, 부르셨습니까?"

그 말에 송아는 온몸에 힘이 쭉 빠졌다.

'전하? 그럼 이분이 하늘 아래 가장 높으신 임금이란 말인가?'

"내가 먹을 탕약이 다 졸아 버렸다면서요?"

"예? 전하께서 그걸 어찌……."

어의 정요는 깜짝 놀라 말을 잇지 못했다.

"이 아이한테 다 들었소."

정요는 그제야 정조 옆에 서 있는 송아를 보았다. 어의 정요와 눈이 마주친 송아는 두려움에 목을 움츠렸다. 마음 같아서는 쥐구멍이라도 찾아 들어가고 싶었다.

임금이 드실 탕약을 다 태워 버린 것도 모자라서 내의원을 벗어나 임금이 있는 데까지 발길을 옮겼으니, 이젠 꼼짝없이 쫓겨나고 말 것이다. 어의 정요는 무서운 눈으로 송아를 쏘아보았다.

역사스페셜박물관

정조 초상화
정조는 살아생전 세 차례에 걸쳐 초상화를 그리게 했지만, 안타깝게도 그때 그린 초상화는 오늘날 한 점도 안 남아 있어요. 지금 여러분이 보고 있는 정조 대왕 초상화는 후대 사람이 그린 것이지요. 백성을 하늘처럼 받들었던 정조 대왕의 따듯한 모습이 느껴지나요? (시몽포토)

안경과 나침반
정조는 책을 많이 읽어 눈이 나빠져 안경을 썼다고 해요. 정조가 썼던 안경은 청나라에서 들여온 것이지요. 영·정조 때 박지원, 홍대용 같은 실학자들은 사신으로 베이징을 다녀왔는데, 이들을 연행사라고 해요. 그들은 그곳에서 본 서양 문물을 조선에 들여왔는데, 안경과 나침반도 그 가운데 하나지요. (국립민속박물관/국립중앙박물관 200811-000)

약연기와 약탕관
내의원 사람들은 약을 지을 때 어떤 도구를 썼을까요? 약을 갈거나 빻을 때는 약연기를 썼고, 탕약을 달일 때는 약탕관을 썼어요. 약탕관은 약을 따르는 주둥이가 있는 것이 보통이지요. (시몽포토/제주교육박물관)

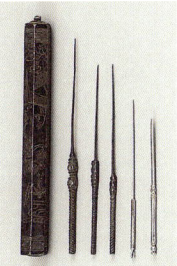

은으로 만든 침통과 침
내의원에서 일하는 의원과 의녀들은 사람이나 동물의 혈(穴)을 찔러 질병을 고치는 의료 도구인 침을 자주 씁니다. 침을 넣어 두는 침통엔 침이 녹스는 것을 막으려고 구멍이 뚫려 있으며, 침통 겉에는 사람의 수명을 다스리는 북두칠성과 삼태성(북두칠성 아래에 있는 별)이 새겨 있어요. (국립민속박물관)

마음의 병이 생긴 임금

송아는 안절부절못했다. 곧장 궁궐 밖으로 내쫓으라는 지시가 떨어질 것만 같았다. 그런데 전혀 뜻밖의 일이 벌어졌다.

"어의는 이 아이를 잘 가르치시게. 앞으로 훌륭한 의녀가 될걸세."

정조의 목소리는 그지없이 부드러웠다. 하지만 그것은 하늘 아래 가장 높은 임금의 명이었다. 어의인 정요도 어쩔 수 없었다.

"네, 전하의 뜻을 잘 받들겠습니다."

어의 정요는 무서운 낯빛을 거두고 허리를 숙이며 말했다. 송아는 이게 꿈인지 생시인지 몰라 눈물이 그렁그렁했다.

'아, 내가 쫓겨날까 봐 전하께서 몸소 지켜 주신 거야.'

송아는 마음속으로 정조 대왕한테 고마움을 나타냈다. 그 마음이 전해진 것일까. 정조는 송아를 지그시 바라보며 눈을 찡긋해 보였다.

'히히, 귀엽기도 하시지.'

송아는 금세 기분이 좋아졌다. 그때 어의 정요가 다시 무거운 얼굴로 정조의 낯빛을 살폈다.

"전하, 어디 편찮으신지요?"

"아, 그렇지!"

정조는 그제야 어의를 부른 까닭이 떠올라, 돌아서서 자신의 뒤통수를 가리켰다.

"오늘 아침부터 여기가 따끔따끔한 게 아무래도 좀 이상하오."

어의 정요는 깜짝 놀라서 정조가 가리킨 곳을 살펴보았다. 거기에는 작은 종기가 부풀어 올라 있었다.

"종기입니다. 곧장 약을 지어 올리겠습니다. 무리하지 마시고 부디 몸을 편히 하셔야 합니다."

어의 정요는 그렇게 말하고 서둘러 물러났다. 송아도 그 뒤를 따라갔다. 내의원에 온 어의 정요는 송아한테 처방전을 써 주었다.

"자, 어서 가서 도 의원을 도와드려라. 이번엔 결코 일을 그르쳐선 안 된다. 알겠느냐?"

"예, 나리! 하늘이 무너져도 그런 일은 없을 것입니다."

송아는 힘주어 대답하고는 내의원 뒷마당에 가서 도의원과 함께 탕약을 달였다.

"큰 병이 아니어서 정말 다행입니다."

송아가 툭 내뱉는 말에 도 의원은 펄쩍 뛰며 말했다.

"얘가 큰일 날 소리를 하는구먼. 종기가 얼마나 무서운 병인데."

"종기야 곪으면 고름을 쪽 빼면 그만 아닙니까?"

"쯧쯧. 이런 멍청한 것을 보았나."

도 의원은 고개를 저으며 혀를 찼다.

"이것아, 효종 대왕께서도 바로 그 종기 때문에 돌아가셨단 말이다."

"예?"

그 말에 송아는 깜짝 놀랐다. 그러더니 곧 발을 동동 굴렀다.

"의원님, 그럼 이제 우리 전하께서도 돌아가시는 건가요?"

"허허, 방정맞은 소리! 어의께서 잘 알아서 치료하시겠지."

그제야 송아는 안심한 듯 긴 한숨을 내쉬었다.

"이제 탕약이 알맞게 달여졌구나. 가서 어의 어른께 말씀드려라."

"예, 의원님."

송아는 곧바로 어의한테로 쪼르르 달려갔다.

"어의 어른, 탕약이 다 됐습니다."

"그래? 그럼 탕약을 들고 나를 따라오너라."

송아는 한 방울이라도 흘릴 새라 탕약을 들고 살금살금 어의를 따라갔다. 곧 눈앞으로 크고 아름다운 호수를 낀 건물이 나타났다.

"어의 어른, 여기가 주상 전하께서 사시는 곳입니까?"

"아니다. 이곳은 학자들이 공부하는 규장각이라는 곳이다."

"아, 그렇군요."

송아는 신기한 듯 둘레를 둘러보았다.

"그런데 왜 주상 전하가 이곳에 계시는지요?"

"허허, 시끄럽구나. 어서 조용히 따라오너라."

"아, 예."

송아는 재빨리 입을 다물고 규장각 안으로 들어섰다. 정조 대왕은 젊은 학자들과 함께 중요한 얘기를 하다가, 어의 정요와 송아가 나타나자 학자들을 물러가게 했다.

"전하, 탕약을 드실 시간입니다."

어의 정요는 송아한테 탕약을 건네받아서 정조 앞에 내밀었다. 그러자 곁에 있던 내관이 탕약에 은수저를 넣었다. 독이 있는지 살펴보는 것이었다. 탕약에 넣었다 뺀 은수저는 빛깔이 그대로였다. 아무런 이상이 없다는 증거였다. 곧 정조는 약사발을 들더니 단숨에 벌컥벌컥 마셨다. 송아는 그 모습을 지켜보며 자기도 모르게 얼굴을 찌푸렸다.

'얼마나 쓸까? 탕약을 드시고 어서 종기가 말끔히 가셔야 할 텐데.'

송아는 마음속으로 애타게 빌었다. 그때 탕약을 말끔히 비운 정조가 송아를 바라보며 뭔가 생각이 난 듯 말했다.

"아차, 네가 시킨 일을 오늘도 못했구나."

송아는 어리둥절한 얼굴로 정조를 바라보았다.

"나무와 하늘 말이다."

"아하!"

송아는 그제야 정조의 말뜻을 알아차렸다.
"잠깐 이 아이와 산책을 하고 와야겠다."
정조는 송아를 데리고 규장각을 나섰다. 그러고는 송아와 함께 천천히 호숫가를 거닐었다.

"네 말대로 나무와 하늘을 보니, 눈이 시원해지는 것 같구나."
"전하, 저기 잉어 좀 보세요. 팔뚝만 한 잉어가 뛰어놀고 있습니다."
송아는 호수 속에서 헤엄치는 잉어를 손으로 가리켰다.
"그렇구나. 잉어들이 이렇게 많은 줄 몰랐구나. 껄껄껄."
"전하, 저기엔 호랑나비가 있습니다."
"그렇구나. 이 꽃밭에 호랑나비가 있는 줄도 몰랐구나. 껄껄껄."

정조 대왕이 잇따라 웃자 송아는 안심이 되었다.

그때 정조가 웃음을 멈추고 뒷목을 감싸 안았다.

"어이쿠, 머리야!"

"전하, 왜 그러십니까? 종기가 난 곳이 또 아프십니까?"

"아무래도 그런 것 같구나."

"그럼 어서 안으로 드시지요. 어의를 부르겠습니다."

"아니, 됐다."

정조는 손을 내저으며 정자에 앉았다. 송아는 무슨 일이라도 생길까 봐 더럭 겁이 났다.

"거기에 그러고 서 있지 말고 이리 와서 앉아라."

임금의 명이라 송아는 하는 수 없이 정조 옆에 나란히 앉았다.

"송아야, 너는 왜 내 머리에 종기가 났는지 아느냐?"

"소녀는 아직 의술이 짧아서 잘 모르겠습니다."

"그렇다면 잘 들어 두어라. 이것은 화병이다."

"화병이요? 그게 대체 무슨 병입니까?"

"화병이란 마음의 병이란다."

마음의 병? 송아는 어리둥절했다. 하늘 아래 가장 높은 주상 전하한테 왜 마음의 병이 생긴 것일까?

역사스페셜박물관

규장각도

김홍도가 그린 것으로 전하는 이 그림은 가운데 있는 2층 건물에서 1층이 규장각이고, 2층은 주합루예요. 정조가 '왕립 학술 기관'으로 세운 규장각에는 밝고 건강한 문화의 힘을 한데 모아 조선을 문화 대국으로 우뚝 세우고자 한 큰 뜻이 담겨 있지요. 천지를 담는 주머니란 뜻이 있는 주합루(宙合樓)도 마찬가지였고요. 한마디로 규장각과 주합루는 조선의 '문화 1번지'였던 셈이지요. (국립중앙박물관 200812-516)

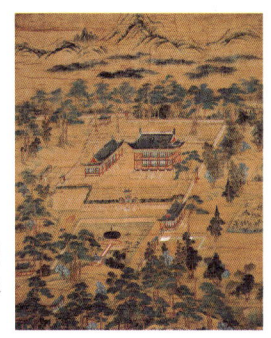

융릉

이곳은 사도세자와 그 부인인 혜경궁 홍씨가 함께 잠들어 있는 곳이에요. 정조 때까지는 현륭원이었다가, 고종이 사도세자를 왕으로 받들면서 무덤의 이름도 융릉으로 바뀌었지요. 사도세자는 아버지 영조의 명령으로 뒤주에 갇힌 채 굶어 죽은 왕자였어요. 개혁을 바라는 사도세자를 반대하는 무리들이 몰래 꾸민 끔찍한 일이었지요. 이 사도세자의 아들이 바로 정조였어요. 경기도 화성시. (시몽포토)

낙성연도

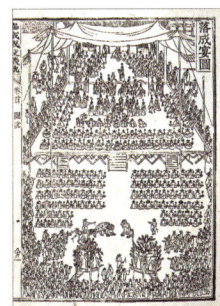

이 그림은 1796년(정조 20년) 10월 16일 봉수당에서 열린 화성 낙성(落成) 모습을 그린 것이에요. 임시로 만든 무대 위에서는 북춤·'포구락' 같은 궁중 무용이 펼쳐지고, 그 아래에서는 백성들이 구경하는 가운데 사자춤이 펼쳐지고 있어요. 새 도시 화성이 다 만들어진 기쁨을 나누는 낙성 잔치가 아니고서는 위아래가 엄격한 조선 사회에서 이런 '여민락(與民樂)'의 모습은 쉽게 보기 힘들었지요. (규장각 한국학연구원)

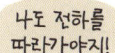

나도 전하를 따라가야지!

시흥환어행렬도

이 그림은 정조가 어머니인 혜경궁 홍씨를 모시고 화성(華城)에 가서 어머니의 회갑연을 치른 뒤, 돌아오는 길에 경기도 시흥의 행궁(行宮)에 다다른 모습을 그린 것이에요. 가운데 푸른 휘장으로 가려진 혜경궁 홍씨의 가마가 보여요. 정조는 자신의 행차를 봄 가을 농한기 때 맞춰 하라고 지시하여 많은 백성들이 이를 구경하게 했지요. (국립고궁박물관)

의문에 휩싸인 죽음

"내 아버지 사도세자는 뒤주에 갇혀 돌아가셨다. 그날부터 내 가슴엔 불덩이 하나가 타오르고 있다."

정조의 눈빛이 슬픔에 잠겼다.

"어떻게 그런 일이……."

송아는 가슴이 턱 막혀서 말을 못 이었다.

"그게 다 노론들이 꾸민 짓이지."

"노론이요?"

"응. 정치를 하는 사람들은 저마다 생각이 달라서 당파가 생기는데, 현재 우리 조선에서 가장 힘이 센 당파는 바로 노론들이란다. 그들이 내 아버지를 모함해서 죽게 만들었지."

"그럼 주상 전하의 아버지는 노론이 아니셨나요?"

"그래. 바로 그 때문에 아버지는 끔찍한 죽음을 맞이하신 것이란다."

"아무리 그래도 사람을 죽이는 건 나쁜 일이잖아요."

"그래, 나쁜 일이지. 하지만 그들은 권력을 잡으려고 수단과 방법을 가리지 않는단다. 나 또한 여러 차례 죽을 뻔한 위기를 겪었으니……."

송아는 소름이 끼쳤다.

"무서워요. 도대체 노론이라는 사람들은 누구예요?"

"대비 마마가 바로 그 우두머리란다."

"예?"

송아는 자기도 모르게 소리를 질렀다. 대비라면 궁궐의 가장 큰 어른인 정순 왕후를 가리킨다.

"허허허. 난 네가 그저 편해서 이야기를 한 것인데, 괜히 겁을 준 모양이로구나."

그러면서 정조는 송아의 등을 가볍게 두드려 주었다. 그러다 뭔가 생각난 듯 안경을 벗어 송아한테 내밀었다.

"사과하는 뜻에서 이걸 너한테 주마."

송아는 펄쩍 뛰었다.

"이게 없으면 전하께서 책을 읽으실 때 불편하잖아요. 그리고 저같이 하찮은 아이한테 이렇게 귀한 것을 주시다니 말도 안 됩니다."

"넌 결코 하찮은 아이가 아니다. 부디 앞으로 열심히 공부해서 지난날 중종 임금을 모셨던 대장금처럼 뛰어난 의녀가 되어야 한다. 그리고 난 또 다른 안경이 있으니, 걱정 말고 어서 받아라."

송아는 하는 수 없이 안경을 받으며 굳게 다짐했다.

"소녀 열심히 공부해서 반드시 전하의 종기를 고쳐 드리겠습니다."

"오냐, 너만 믿는다."

흐뭇하게 송아를 바라보던 정조가 정자에서 몸을 일으켰다. 송아도 따라서 일어서려고 할 때 갑자기 정조가 힘없이 고꾸라졌다. 송아가 어쩔 줄을 몰라 하는 사이에 내시들이 달려와 정조를 침실로 옮겼다.

이 일로 송아는 또다시 된통 야단을 맞고는 방에 갇혀 반성문을 써야 했다. 하지만 걱정이 돼서 도저히 방 안에 가만 있을 수가 없었다. 송아는 슬그머니 방문을 열고 빠져나와 내의원 뒷마당으로 갔다.

"도 의원님, 주상 전하는 좀 어떠세요?"

"후유, 많이 편찮으시다. 종기가 등까지 퍼졌다는구나."

"등까지요? 그럼 큰일이지 않습니까?"

"그러게 말이다. 그런데 넌 어의 어른한테 들키면 어쩌려고 이렇게 마음대로 나돌아 다녀?"

"걱정이 돼서요. 그것 이리 주세요. 전하의 탕약은 제 손으로 달이고 싶어요."

송아는 약탕관 앞에 쭈그려 앉아 부채질을 했다.

"그런데 이건 무슨 냄새입니까? 그새 약이 바뀌었습니까?"

송아는 약탕관에 코를 가까이 대고 냄새를 맡아 보았다. 이제까지 달이던 약과는 다른 냄새가 났다.

"허, 곰도 구르는 재주가 있다더니 알고 보니 네 코가 개 코구나. 이 약은 경옥고라는 것이다. 종기에 아주 잘 듣는 약이지."

"그럼 이 약을 드시면 전하의 건강이 다시 좋아지겠네요."

그러면서 송아는 정성들여 경옥고를 달였다. 그런데 어찌 된 일인지 경옥고를 먹은 뒤부터 정조의 병은 더욱 안 좋아졌다.

"도 의원님, 어찌 된 일일까요?"

송아는 걱정이 되어 안절부절못했다. 그건 도 의원도 마찬가지였다.

"그러게 말이다. 어찌 된 게 약이 전혀 안 들으니……."

그때 어의 정요가 들어섰다. 송아는 뜨끔해서 얼른 도 의원 뒤에 몸을 숨겼다. 그러고는 눈을 질끈 감았다. 그런데 송아 귓가에 뜻밖의 소리가 울려 퍼졌다.

"송아는 어서 나를 따르라."

송아는 눈을 번쩍 떴다. 호되게 야단을 맞을 줄 알았는데, 자기더러 따라오라니 그저 어리둥절할 뿐이었다.

"주상 전하께서 병이 깊어 밥은커녕, 약도 못 넘기고 계신다. 너를 남달리 아끼시니, 네가 한번 약을 올려보아라."

송아는 어의 정요의 명에 따라 곧바로 정조의 침실로 달려갔다. 방에 누워 있는 정조의 해쓱한 모습을 보자 송아는 가슴이 미어질 듯 아팠다. 씩씩하기 그지없던 평소의 모습은 온데간데없고, 괴로운 듯 가쁜 숨을 몰아쉬고 있었다.

"전하, 송아입니다."

"그래, 어서 오너라."

정조는 겨우 송아를 알아보고 희미하게 웃음을 지어 보였다.

"전하, 어서 약을 드셔야 합니다."

송아는 수저로 약을 떠서 정조의 입에 천천히 넣어 주었다. 하지만 정조는 약을 못 넘기고 모두 토해 냈다. 송아는 다시 약을 떠서 조심스럽게 정조의 입에 넣어 보았지만, 이번에도 마찬가지였다. 송아는 안타까운 마음에 눈물을 글썽였다.

"내 꿈이 이루어질 날이 머지않았건만, 끝내 걱정하던 일이 벌어지고 마는구나."

정조의 목소리는 가늘고 힘이 없었지만, 송아는 또렷이 알아들었다.

"걱정하던 일이라니, 그게 무엇입니까?"

송아의 물음에 정조가 막 입을 떼려고 할 때, 침실 문이 열리며 정순 왕후가 들어섰다.

'이분이 바로 주상 전하의 아버지를 죽게 만든 노론의 우두머리군. 그런데 왜 이곳에 오셨을까?'

송아는 왠지 꺼림칙한 기분이 들었다.

"주상, 약을 못 드시고 계신다고요? 이 할미가 걱정이 돼서 이렇게 달려왔습니다."

정순 왕후가 들어서자 정조는 입을 굳게 다물고 고개를 돌렸다.

'전하께서 정순 왕후를 피하시는구나.'

송아는 정조의 마음을 느낄 수 있었다. 그런데 정순 왕후가 정조 앞으로 다가앉더니 송아를 쏘아보며 말했다.

"고작 약 하나 제대로 못 먹여서야 어디 의녀라 할 수 있느냐? 주상의 약은 내가 먹일 것이다. 어의는 어서 준비한 약을 대령하라."

그러자 곧 어의 정요가 탕약을 들고 침실로 들어섰다.

"거기 내려놓고 모두 나가 있으라."

정순 왕후의 명이 떨어지자 어의 정요는 선뜻 물러났다. 하지만 송아는 차마 발길이 안 떨어졌다. 그러다 뭔가 야릇한 냄새를 맡고는 코를 킁킁거렸다.

'이게 무슨 냄새지?'

송아가 머뭇거리자 정순 왕후가 버럭 소리를 질렀다.

"아니, 내 말이 안 들리느냐?"

정순 왕후가 날카롭게 서릿발 치자 송아는 두려운 마음에 서둘러 침실에서 물러 나왔다. 침실 밖에는 내시와 궁녀들 그리고 내의원 어의와 대신들도 잔뜩 몰려와 있었다.

'다들 전하가 오늘을 못 넘긴다고 생각하는 걸까? 안 돼. 그런 일이 일어나선 결코 안 돼!'

송아는 마음속으로 다짐하듯 소리쳤다. 그런데 얼마 안 돼 끝내 끔찍한 일이 벌어지고야 말았다. 정조의 침실에서 정순 왕후의 통곡 소리가 새어 나온 것이다. 송아는 어의를 따라 곧장 침실로 들어갔다.

"전하! 이대로 돌아가시면 아니 됩니다."

송아는 정조를 붙잡고 울면서 부르짖었다. 마지막 숨을 몰아쉬던 정조는 송아를 보더니 한손을 치켜들었다. 그 손은 어딘가를 가리키고 있었다. 그러더니 곧 정조의 손이 힘없이 툭 떨어졌다. 정조는 그렇게 숨을 거두고 말았다.

백성들은 크나큰 슬픔에 잠겼고, 궁궐에서도 통곡 소리가 끊이질 않았다. 하지만 송아의 눈에서는 눈물이 안 나왔다. 아니 그것보다 정조의 죽음을 믿을 수가 없었다. 송아의 머릿속엔 오직 한 가지 생각뿐이었다.

'주상 전하는 돌아가시기 전에 나한테 무슨 말씀을 하려고 하셨어. 그 손가락은 무얼 말하려 한 것일까?'

송아는 정조가 가리킨 곳을 가만히 생각해 보았다. 그곳은 놀랍게도 왕대비 정순 왕후가 지내는 수정전이었다.

'그렇다면 왜 전하는 눈을 감기 전에 그곳을 가리켰을까? 설마 정순 왕후가 주상 전하를······.'

그 생각을 하자 송아는 가슴이 쿵쾅쿵쾅 뛰었다. 그리고 마침 한 가지 생각이 떠올랐다.

'맞아, 그 냄새!'

송아는 어리둥절해하는 도 의원을 이끌고 약방으로 달려갔다. 그리고는 약 창고에서 똑같은 냄새가 나는 약초를 찾아냈다.

"도 의원님, 이건 어디에 쓰는 약이에요?"

"그건 부자라는 것인데, 사약을 내릴 때 넣는 독이 센 약이지."

도 의원의 말에 송아는 입술이 새파랗게 질렸다. 그러더니 부들부들 떨리는 목소리로 가까스로 말했다.

"도 의원님, 주상 전하는 독살을 당하신 게 틀림없어요!"

역사스페셜박물관

창덕궁 수정전

창덕궁 수정전(위 동궐도에 표시한 곳)은 정순 왕후가 머물던 곳이에요. 정순 왕후는 노론의 우두머리 노릇을 하면서 사도세자를 끝내 죽음으로 내몰고, 정조와도 늘 팽팽히 맞섰지요. 그런데 정순 왕후는 정조와 나이 차가 일곱 살밖에 안 났어요. 그것은 열다섯에 환갑이 넘은 영조 임금의 새 왕비가 됐기 때문이지요. (고려대학교박물관)

창경궁 영춘헌

정조는 병석에 누운 지 보름 만에 세상을 떠납니다. 바로 이곳 창경궁 영춘헌에서 말이지요. 오늘날의 영춘헌은 사도세자가 태어난 집복헌과 정조가 죽음을 맞이한 영춘헌을 한데 모아서 다시 지은 것이에요. 정조가 너무나 갑작스럽게 죽자, 그 뒤부터 오늘날까지 독살설이 끊이질 않고 있지요. (시몽포토)

 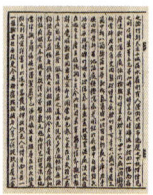

《승정원일기》

《승정원일기》는 조선 시대에, 왕의 명령을 맡은 승정원에서 다루었던 여러 가지 일과 사건들을 날마다 적은 책이에요. 정조의 독살설에 관한 기록이 처음 나온 것도 바로 이 책에서인데요, 오늘날의 경북 구미시인 인동 지역의 유학자 집안 후손인 장시경이라는 인물이 주장했다고 해요. 국보 303호. (규장각 한국학연구원)

어머나, 큰일 났어요!

천생산

누군가 의관을 시켜 정조를 독살했다고 생각한 장시경 삼 형제는 노비를 비롯한 예순 남짓의 무리들을 이끌고 인동 관아로 가서 무기와 식량을 빼앗아 서울로 쳐들어갈 생각이었어요. 하지만 인동 관아의 관원들한테 쫓기는 바람에 무리들은 뿔뿔이 흩어지고, 장시경 삼 형제만이 천생산으로 달아나지요. 그러다 끝내 관원들한테 포위되자, 이들 삼 형제는 천생산 벼랑에서 뛰어내려 죽고 말지요. 경북 구미시. (시몽포토)

힘차게 발걸음을 내딛다

송아는 도 의원한테 정조가 죽기 전에 수정전을 가리킨 것과, 정순 왕후의 몸에서 부자 냄새가 났다는 것을 조근조근 이야기했다.

"전하와 마지막에 함께 있던 분은 정순 왕후뿐이었어요. 그러니까 정순 왕후가 전하를 독살한 게 틀림없다고요."

묵묵히 송아의 얘기를 듣고 있던 도 의원은 무척 애처로운 얼굴로 송아의 등을 다독여 주었다.

"네가 무척 충격이 컸던 모양이구나."

도 의원은 송아의 말을 안 믿었다. 정조가 갑작스럽게 죽자 송아가 너무 놀란 나머지 잠깐 넋이 나간 것이라 여긴 것이다. 송아는 속이 답답해서 미칠 것만 같았다.

"안 되겠어요. 이 사실을 어의 어르신께 어서 말씀드려야겠어요."

그러자 도 의원이 허겁지겁 송아를 붙잡았다.

"안 돼!"

"왜요? 주상 전하가 억울하게 돌아가셨는데, 도 의원님은 그냥 이대로 가만있을 거예요?"

"물론 나도 말할 수 없을 만큼 슬프기 그지없다. 하지만 자칫 잘못하다간 네 목숨이 위험해. 아니, 어쩜 우리 목숨이 모두 위태로울지도 모르는 일이야."

"아니, 왜요?"

"만일 그 사람들이 알면 널 쥐도 새도 모르게 죽여 버릴 거야. 그러니 의심이 가더라도 결코 설불리 입 밖으로 내선 안 돼."

"그 사람들이 누군데요?"

"누구긴 누구야? 정순 왕후와 노론들이지."

"상관없어요. 전 진실을 꼭 밝혀 내고야 말겠어요."

그러더니 송아는 곧장 어의 정요한테로 갔다.

"네가 정녕 정신이 나간 게로구나! 헛소리 그만하고 썩 물러가거라!"

송아는 오히려 된통 야단만 맞고 쫓겨났다. 어의 정요도 송아의 말을 안 믿어 주었다. 그래도 송아는 뜻을 꺾을 생각이 없었다.

'무슨 일이 있어도 꼭 밝혀 내고 말 거야. 꼭!'

송아는 이번엔 양 의원을 찾아갔다. 양 의원은 사뭇 차분하게 송아의 얘기를 듣더니 고개를 끄덕였다.

"정말 수상하구나! 내가 잘 알아볼 테니 넌 설불리 나서지 마라."

송아는 양 의원의 말에 뛸 듯이 기뻤다.

"고맙습니다. 전 양 의원님만 믿을게요."

그날 밤 송아는 정조가 죽고 난 뒤 처음으로 단잠을 잤다.

그 무렵 양 의원은 아무도 몰래 수정전으로 숨어들었다.

"송아라는 의녀가 날 의심하고 있다고?"

꽃꽂이를 하던 정순 왕후가 고개를 들며 말했다.

"예, 만일 이 일이 밖으로 알려지면 다른 무리들이 결코 가만있지 않을 것입니다."

양 의원이 고개를 조아리며 말했다.

"그럼 밖으로 안 알려지게 하면 될 것이 아니냐?"

그러면서 정순 왕후는 손에 쥐고 있던 꽃봉오리를 뚝 꺾었다. 눈치 빠른 양 의원이 정순 왕후의 속셈을 알아차리고는 고개를 끄덕였다.

다음 날 아침, 송아는 밖에서 들려오는 발자국 소리에 잠을 깼다.

'양 의원님이신가? 무슨 좋은 소식이라도 가지고 오셨나.'

하지만 그 발자국의 주인은 도 의원이었다.

"송아야, 어서 피해!"

도 의원은 숨을 몰아쉬며 말했다.

"아니, 왜요?"

"지금 포졸들이 널 잡으러 오고 있어."

"예?"

그길로 송아는 허겁지겁 뛰어나와 신발을 신었다. 하지만 때는 벌써 늦었다. 포졸들이 득달같이 달려들어 송아를 묶었다.

"아니, 제가 무슨 잘못을 저질렀다고 이러세요?"

포졸들은 발버둥치는 송아를 끌고 가 옥에 가두었다. 옥에 갇힌 송아는 억울함을 하소연해 보았지만 아무런 소용이 없었다. 설상가상으로 송아의 방에서 적잖은 부자가 나왔다. 송아는 꼼짝없이 속임수에 걸려든 것이다.

다음 날 아침부터 끔찍한 고문이 시작됐다.

"어서 네 죄를 털어놓지 못할까?"

정순 왕후가 손수 죄를 물었다. 그 옆엔 양 의원이 서 있었다. 송아는 그제야 양 의원과 정순 왕후가 한편인 것을 깨달았다. 어차피 이렇게 된 바에야 송아는 목숨을 걸고 진실을 밝혀야겠다고 다짐했다.

"주상 전하는 저한테 어버이 같은 분이십니다. 그런데 어찌 제가 그런 분을 죽일 수 있겠습니까. 오히려 주상 전하를 독살하신 분은 왕대비 마마가 아니신지요?"

그러자 그곳에 모여 있던 사람들은 사시나무 떨 듯 술렁거렸다. 정순 왕후는 눈을 부라리며 날카롭게 내뱉었다.

"아니, 뭣이라고? 내일 아침 해가 뜨는 대로 저 아이의 목을 쳐라!"

그리고 나서도 정순 왕후는 분이 안 풀린 듯 씩씩거리더니 휑 하니 그곳을 빠져나갔다. 고문으로 만신창이 된 송아는 다시 옥에 갇혔다.

'이제 내일 아침이면 이 세상도 마지막이구나.'

송아는 새삼 서럽고 두려워서 눈물이 쏟아졌다. 어머니도 보고 싶고, 도 의원도 보고 싶었다. 그때 마침 슬며시 옥문이 열리더니 도 의원이 나타났다. 송아는 반가움에 몸을 바싹 내밀었다.

"이 멍청한 것아! 그러기에 그렇게 조심하라고 일렀거늘."

그러는 도 의원의 눈가에 눈물이 고였다.

"도 의원 나리, 전 정말 죽기 싫어요. 흑흑."

송아는 소리 내어 훌쩍였다. 그러자 도 의원이 손에 들고 있던 보퉁이를 내밀었다.

"죽긴 왜 죽느냐? 어서 이것으로 갈아입어라."

"이게 뭔데요?"

송아는 보퉁이를 열어 보았다. 그 속엔 사내 옷이 들어 있었다. 송아는 깜짝 놀라서 도 의원을 바라보았다.

"이것으로 갈아입고 달아나라고요? 밖에 지켜 서 있는 간수들은 어떡하고요?"

"그건 어의 어르신이 다 손을 써 놨다. 어서 안 갈아입고 뭐 해?"

송화는 서둘러 옷을 갈아입고 도 의원을 따라 옥문을 빠져나갔다. 옥문 밖에는 간수들이 코를 드르렁거리며 깊은 잠에 빠져 있었다. 어의 정요가 간수들한테 수면제를 먹여 두었던 것이다.

'고맙습니다. 어의 어르신.'

송아는 마음속으로 어의 정요한테 고마움을 나타냈다. 아무 일 없이 옥에서 나온 송아와 도 의원은 곧 궐문 앞에 다다랐다.

"이제 헤어져야겠구나. 부디 몸조심하여라."

"고맙습니다, 도 의원님. 이 은혜 결코 안 잊을게요."

송아는 도 의원한테 큰절을 올렸다. 도 의원은 눈물을 글썽이며 어서 가라는 손짓을 해 보였다. 송아는 눈물을 흘리며 궐문 쪽으로 갔다. 궐문을 지키는 문지기는 사내 차림을 한 송아를 눈치채지 못했다. 그런데 송아가 궐문을 벗어나자마자 문지기가 송아를 불러 세웠다.

"어이, 여보시오! 이리 좀 잠깐 와 보시오."

송아는 온몸이 굳어 꼼짝도 할 수 없었다. 그러자 곧 문지기가 송아한테로 다가왔다.

'이제 정말 꼼짝없이 죽었구나!'

송아는 눈을 지그시 감고 몸을 바들바들 떨고 있는데, 문지기가 송아한테 무엇인가를 내밀었다.

"이게 당신 몸에서 떨어져 나왔소."

그것은 바로 정조가 송아한테 준 안경이었다. 송아는 그제야 속으로 '후유!' 하고 긴 숨을 내쉬었다.

"그런데 대체 이게 뭐 하는 물건이오?"

"눈이 나쁠 때 쓰는 안경이라는 것입니다."

"허허, 참 희한하게 생겼구려."

문지기는 그렇게 말하고는 다시 제자리로 돌아갔다. 송아는 안경을 꼭 쥐고 재빠르게 궁궐에서 멀어졌다. 얼마나 달렸을까? 어느새 날이 밝아 왔다. 사람의 발길이 드문 산등성이에 올라 선 송아는 저 멀리 궁궐을 내려다보았다. 거기에는 정조 대왕의 장례 행렬이 천천히 궁궐을 빠져나가고 있었다.

'전하, 안녕히 가세요.'

송아는 다시 눈물이 고였다. 하지만 이를 악물고 눈물을 참았다.

'이제 다시는 안 울고 열심히 공부해서 반드시 대장금보다 더 훌륭한 의원이 될게요.'

송아는 멀어지는 장례 행렬을 지켜보며 마음속으로 굳게 다짐했다. 그러고는 정조가 준 안경을 품에 고이 넣고 힘차게 발걸음을 옮겼다.

역사스페셜박물관

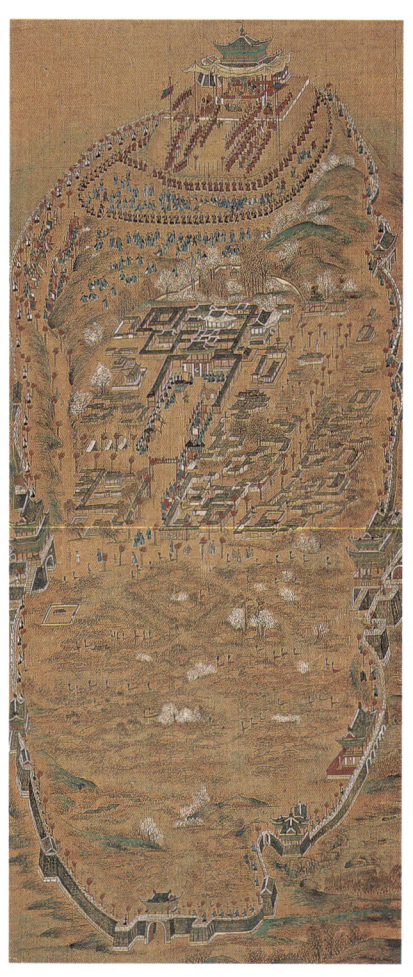

꼭 진실을 밝힐 테야!

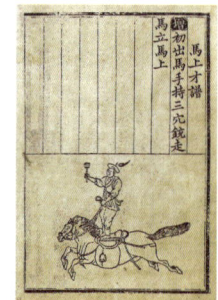

왕의 힘을 다지다

이것은 정조 때 펴낸 《무예도보통지》라는 책입니다. 정조는 사도세자가 정리해 놓은 열여덟 가지 무예, 곧 18기에 말을 달리며 싸우는 마상 무예 여섯 가지를 더해 무예 24기를 만들고, 이를 책으로 정리하여 남겼어요. 정조는 장용영의 병사들한테 이를 훈련시켜 적과 몸으로 맞붙어서 싸우는 백병전에 뛰어난 으뜸 군대를 길러 냈어요. 이는 왕의 힘을 굳게 다지려는 정조의 뜻이 담겨 있었던 것이지요. (규장각 한국학연구원)

서장대 성조도

이 그림은 정조가 화성에 행차하여 아버지 사도세자의 무덤을 참배한 뒤 야간 군사 훈련을 하는 모습을 그대로 옮겨 그린 것이에요. 이날 훈련에 참가한 군사는 자그마치 3천7백으로 모두 정조의 친위 부대인 장용영 병사들이었지요. 이때 정조는 황금갑옷을 입고 몸소 앞장서서 군사들을 지휘했다고 해요. (국립고궁박물관)

백성들의 삶을 살피다

정조는 진심으로 백성을 보살피는 정치를 하고 싶어 했어요. 그래서 될 수 있으면 손수 거리로 나가 백성들의 소리를 듣고자 했지요. 하지만 임금이 몸소 갈 수 없는 먼 지역엔 암행어사를 보내서 백성들의 어려움을 살피게 했어요. 암행어사는 먼 길을 다닐 때 마패에 새겨져 있는 말의 숫자만큼 말을 빌려 쓸 수 있었어요. 그러니까 마패는 곧 암행어사의 신분증이나 다름없었지요. (시몽포토)

가난한 이들을 돕다

정조 때 창경궁의 정문인 홍화문에서 가난한 이들한테 쌀을 나누어 주는 모습을 그린 '사미도(賜米圖)'라는 그림이에요. 조선 시대에는 이처럼 임금이 신하들과 함께 손수 나서서 가난한 사람들한테 쌀을 나누어 주는 행사를 벌이곤 했어요. 정조는 이곳에서 상인들한테 큰돈을 이자 없이 빌려 주기도 했다고 해요. (규장각 한국학연구원)

평등한 세상을 꿈꾸다

조선 시대는 두드러진 신분제 사회였어요. 열여섯 살 넘은 사내라면 누구나 오늘날의 주민등록증이라 할 수 있는 호패를 가지고 다녔는데, 신분에 따라 호패의 생김새도 조금씩 달랐다고 해요. 정조는 이런 신분제의 잘못을 깨닫고 노비를 없애려 했어요. 하지만 갑작스럽게 죽음을 맞는 바람에 평등한 세상을 꿈꾸었던 그의 꿈은 끝내 빛을 잃고 말지요. (국립중앙박물관 200812-516)

건릉(健陵)

아버지 사도세자의 무덤인 융릉(隆陵) 바로 옆에, 정조 임금과 효의 왕후 김씨의 무덤인 건릉이 있어요. 정조는 마흔아홉의 나이로 안타깝게 세상을 떠나는데, 그의 죽음과 더불어 정조가 살아 있는 동안 차곡차곡 다져 왔던 수많은 개혁 과제들도 끝내 물거품이 되지요. 아울러 조선의 시계도 거기서 멈춰 버리고, 머지않아 외세의 좋은 먹잇감이 되고 맙니다. (시몽포토)

석빙고

조선 시대 왕의 장례식은 자그마치 다섯 달이나 걸렸다고 해요. 그렇다면 그동안 임금의 주검을 어떻게 보관했을까요? 주검이 썩는 것을 막으려고 사람들은 석빙고에서 가져온 얼음을 관 속에 채워 넣었다고 해요. 경주에 남아 있는 석빙고는 돌로 만든 얼음 창고였지요. 그러니까 석빙고는 오늘날의 냉장고와 같은 것이라고 할 수 있습니다. (시몽포토)

풀어야 할 숙제

"인삼은 붙잡고 뭐 하는 거야?"
등 뒤에서 할아버지의 목소리가 들리는 바람에 송아는 정신이 퍼뜩 들었다.
'어, 이게 어찌 된 일이지?'
송아는 두 손으로 인삼을 꼭 붙들고 있었다.
'아, 맞아! 이 인삼이 날 그곳으로 데려다 주었구나.'
송아는 다시 한 번 사람처럼 생긴 인삼을 신기한 듯 바라보았다.
"딴 데로 새지 말고 곧바로 집으로 가거라. 부모님 걱정하신다."
"헤헤. 딴 데로 샐 건데요."
송아는 장난스럽게 말했다.
"뭐야?"
할아버지가 눈을 크게 뜨고 소리쳤다.
"어이쿠, 깜짝이야! 귀청 떨어질 뻔했잖아요."
"네놈이 소리를 지르게 만들었잖아. 딴 데로 샌다며?"
"주사 맞으러 갈 거란 말이에요."
송아는 볼멘소리로 말했다.
"주삿바늘이 무서워서 달아난 거라며?"

"그래도 독감 걸려서 끙끙 앓는 것보단 낫잖아요. 튼튼해야 공부도 열심히 하고, 이 담에 훌륭한 사람이 되지요. 그리고 나서 꼭 풀어야 할 숙제가 있거든요."

"아이고, 이 녀석이 어느새 철이 들었네. 근데 풀어야 할 그 숙제라는 건 뭐야?"

"할아버진 몰라도 돼요. 헤헤."

"뭐야, 이 녀석이?"

그러더니 할아버지는 송아 머리에 꿀밤을 주었다.

"아야야! 아파요, 할아버지."

송아는 머리를 감싸 쥐며 얼굴을 찌푸렸다.

"그 대신 나중에 숙제를 풀고 나면 이 할아비한테 꼭 알려 줘야 해?"

"알았어요, 할아버지. 히히."

송아는 히죽히죽 웃으며 조금 전에 달아났던 보건소로 씩씩하게 걸어갔다.

"치, 주삿바늘 같은 건 이제 하나도 안 무섭다고!"

송아는 두 주먹을 불끈 쥐고 다시 보건소 안으로 들어갔다. 얼마 뒤 보건소 안에서는 자지러지는 소리가 터져 나왔다.

"으악, 송아 살려!"

정조 대왕의 꿈과 좌절

정조는 병석에 누운 지 겨우 보름 만에 세상을 떠납니다. 정조의 갑작스러운 죽음은 그때의 조선 사회뿐만 아니라, 그 뒤 닥쳐올 앞날에도 큰 영향을 끼치게 됩니다. 정조의 죽음은 곧 그의 꿈이 끝난 것을 뜻합니다. 그렇다면 과연 정조가 꾸었던 꿈은 무엇이었을까요?

정조 대왕은 세종과 더불어 조선 역사에서 가장 훌륭한 지도자로 손꼽히는 임금이다. 그는 소설과 그림, 판소리 같은 갖가지 문화를 발전시켰을 뿐만 아니라, 박지원·박제가·정약용 같은 실학자들을 고루 뽑아 써 상업과 유통을 발달시켰다. 또한 노비제 폐지를 비롯한 개혁 정치를 펼친 군주이기도 했다. 하지만 정조가 이렇듯 뛰어난 군주가 되기까지에는 수많은 우여곡절이 있었다.

정조는 노론 벽파의 음모로 뒤주에 갇혀 굶어죽은 사도세자의 아들이다. 정순왕후를 비롯한 노론의 무리들은 사도세자가 노론을 따돌리고 개혁의 고삐를 조이자, 갖은 술수를 써서 끝내 그를 죽음의 구렁텅이로 내몰게 된다.

그뿐만 아니라 그들은 그의 아들 정조가 왕의 자리에 오르는 것을 막아 보려고 온갖 방법을 다 써 보지만, 뜻을 못 이루자 사사건건 정조와 맞선다. 정조가 왕이 된 뒤에도 조정은 사도세자를 죽인 '노론 벽파'가 주도권을 쥐고 있었기에, 정조는 끊임없이 죽음의 공포에 시달린다. 이렇듯 권력을 둘러싸고 벌어지는 끔찍한 일들을 겪는 과정에서 정조는 새로운 조선을 꿈꾸게 된다.

정조가 왕의 자리에 오른 뒤에 가장 먼저 한 일은 사도세자를 추존(왕의 자리에 못 오르고 죽은 이한테 임금의 칭호를 주던 일)하고 무덤을 화성으로 옮긴 것이다. 이는 보란 듯이 노론에 맞서고자 하는 그의 굳은 뜻을 드러낸 것이나 다름없다.

 그리고 왕이 된 지 두 해째에는 왕립도서관이라 일컫는 규장각을 세워, 당파에 물들지 않은 인재들을 고루 뽑아 쓴다. 정조는 조선의 가장 큰 문제점이 당쟁이라 여겼고, 이를 없애려면 당파에 휩쓸리지 않은 젊은 인재들을 고루 쓰는 탕평책만이 가장 좋은 방법이라고 생각했다. 또한 끊임없는 죽음의 공포에서 스스로를 지키고, 왕의 힘을 다지고자 친위 부대인 장용영을 만든다. 더 나아가 노비제를 없애려 애쓰고, 백성들의 소리에 귀 기울이려고 격쟁(백성들이 임금한테 직접 바람을 말하는 제도)을 북돋운다.
 이처럼 정조는 가슴속에 품은 자신의 꿈을 이루려고 한 걸음 한 걸음 앞으로 나아갔다. 그리하여 왕의 자리에 오른 지 열아홉 해 만에 마침내 왕의 힘을 굳게 다지게 된다.
 정조는 죽기 바로 전까지 노론의 반대파인 남인을 재상의 자리에 앉히겠다는 뜻을 비쳤다. 하지만 그 뜻은 그의 갑작스러운 죽음으로 이뤄지지 못했다. 정조의 죽음과 함께 그동안 정조가 힘겹게 쌓아올렸던 공든 탑은 무너져 버렸고, 아울러 새로운 조선을 세우려는 그의 꿈도 물거품이 되고 말았다.

역사 스페셜 작가들이 쓴 이야기 한국사 32
조선 시대 왕 이야기 ❹ 누가 왕을 죽였을까

글 권기경 | **그림** 정현지

초판 1쇄 펴낸날 2009년 11월 20일 | **초판 10쇄 펴낸날** 2020년 7월 10일
펴낸이 조은희 | **편집장** 한해숙 | **기획·편집** 네사람
디자인책임 하늘·민 | **디자인** 최성수, 이이환 | **사진진행** 시몽포토에이전시
마케팅 박영준 | **온라인 마케팅** 정보영 | **경영지원** 김효순 | **제작** 정영조, 강명주
펴낸곳 (주)한솔수북 | **출판 등록** 제 2013-000276호 | **주소** 03996 서울시 마포구 월드컵로 96 영훈빌딩 5층
전화 02-2001-5823(편집), 02-2001-5828(영업) | **전송** 02-2060-0108 | **전자우편** isoobook@eduhansol.co.kr
블로그 blog.naver.com/hsoobook | **인스타그램** soobook2 | **페이스북** soobook2
ISBN 979-11-7028-494-9 73910 | **ISBN** 979-11-7028-461-1 (세트)

어린이제품안전특별법에 의한 제품 표시
품명 아동 도서 | **사용연령** 만 8세 이상 어린이 제품 | **제조국** 대한민국 | **제조자명** ㈜한솔수북 | **제조년월** 2020년 7월

ⓒ 2009 권기경·네사람·(주)한솔수북
※ 저작권법으로 보호받는 저작물이므로 저작권자의 서명 동의 없이 다른 곳에 옮겨 싣거나 베껴 쓸 수 없으며 전산장치에 저장할 수 없습니다.
※ 값은 뒤표지에 있습니다.